교과 연계

5-2
날씨와 우리 생활

6-2
계절의 변화

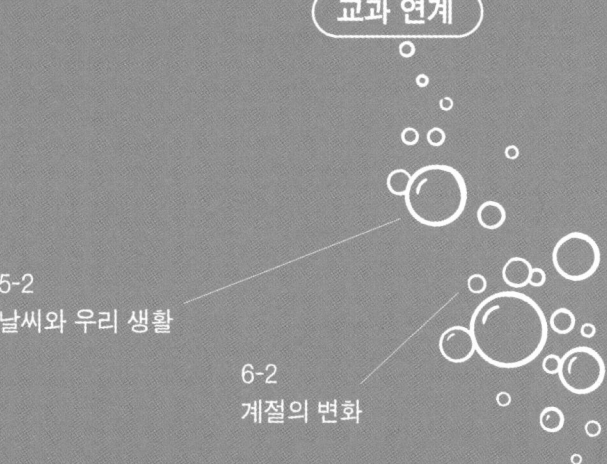

### 글·그림 백명식

강화에서 태어나 서양화를 전공하고 출판사 편집장을 지냈습니다. 어린이들이 좋아하는 책을 쓰고 그릴 때 행복하답니다. 쓰고 그린 책으로 《사이다 탐정》 시리즈, 《돼지 학교》 시리즈, 《인체 과학 그림책》 시리즈, 《맛깔 나는 책》 시리즈, 《저학년 스팀 스쿨》 시리즈, 《명탐정 꼬치》 시리즈, 《냄새 나는 책》 시리즈, 《미생물 투성이 책》 시리즈, 《좀비 바이러스》 시리즈, 《안녕! 한국사》 시리즈, 《나는 나비》 등이 있습니다. 소년한국일보 일러스트상, 소년한국일보 출판부문 기획상, 중앙광고대상, 서울 일러스트상을 받았습니다.

### 감수 와이즈만 영재교육연구소

창의 영재수학과 창의 영재과학 교재 및 프로그램을 개발했습니다. 구성주의 이론에 입각한 교수학습 이론과 창의성 이론 및 선진 교육 이론 연구 등에도 전념하고 있습니다. 국내 최고의 사설 영재교육 기관인 와이즈만 영재교육에 교육 콘텐츠를 제공하고 교사 교육을 담당하고 있습니다.

기후 위기 해결사
사이다 탐정
❺ 눈사태를 일으킨 범인 찾기

⑤ 눈사태를 일으킨 범인 찾기

1판 1쇄 인쇄 2024년 7월 5일
1판 1쇄 발행 2024년 7월 25일

**글·그림** 백명식 | **발행처** 와이즈만 BOOKs | **발행인** 염만숙
**출판사업본부장** 김현정 | **편집** 원선희 양다운 이지웅
**디자인** 위드 | **마케팅** 강윤현 백미영 장하라

**출판등록** 1998년 7월 23일 제1998-000170 | **제조국** 대한민국
**주소** 서울특별시 서초구 남부순환로 2219 나노빌딩 5층
**전화** 마케팅 02-2033-8987 편집 02-2033-8928 | 팩스 02-3474-1411
**전자우편** books@askwhy.co.kr | **홈페이지** mindalive.co.kr | **사용 연령** 8세 이상
**ISBN** 979-11-92936-35-2

ⓒ 2024, 백명식
이 책의 저작권은 백명식에게 있습니다.
저자와 출판사의 허락 없이 내용의 일부를 인용하거나 발췌하는 것을 금합니다.
잘못된 책은 구입처에서 바꿔 드립니다.

와이즈만 BOOKs는 (주)창의와탐구의 출판 브랜드입니다.
KC마크는 이 제품이 공통안전기준에 적합하였음을 의미합니다.

기후 위기 해결사

# 사이다 탐정

**5** 눈사태를 일으킨 범인 찾기

백명식 글·그림
와이즈만 영재교육연구소 감수

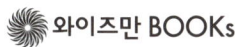
와이즈만 BOOKs

# 등장인물

### 사이다 탐정

탐정 학교 1기를 수석으로 졸업한 뒤,
헬스푸드시에서 탐정으로 일하고 있다.
사이다처럼 시원하고 명쾌한 성격이다.
가장 기분 좋은 순간은 사건을 해결하고
톡 쏘는 사이다를 하늘에 닿을 만큼
시원하게 내뿜을 때!

### 버거

사이다 탐정의 친구이자 조수.
가업을 이어 밀 농사를 지을 뻔했지만
우연히 사이다 탐정을 만난 후
탐정이라는 직업에 매력을 느끼고
헬스푸드시에 오게 됐다. 얼핏 보면
조금 둔해 보이지만, 중요한 순간에
사이다에게 도움을 주는 존재.

### 봉아

무엇이든 고쳐 주고 만들어 주는 만능 키! 기발한 발명품으로 사이다 탐정을 도와준다. 부엉이라서 보통은 낮에 자지만, 호기심 많은 성격으로 흥미로운 일이 있으면 언제든지 열일하는 워커홀릭.

### 얼음땡

매년 헬스푸드시 스키 대회에 참가하지만 우승권에는 들지 못한 선수. 이번 만큼은 기필코 우승하겠다는 의지가 하늘을 찌른다.

### 통통과 펭돌

스키 대회의 강력한 우승 후보들! 친하면서도 은근한 자존심 싸움을 벌인다. 서로 이번 대회 우승은 당연히 나라고 자신만만하다.

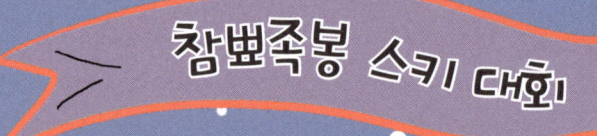

# 참뾰족봉 스키 대회

헬스푸드시에 겨울이 왔어요!

헬스푸드시가 온통 새하얀 눈으로 덮였어요. 헬스푸드시에서 가장 높은 산인 참뾰족봉에도 흰 눈이 소복소복 쌓였지요. 올해는 사이다 탐정과 버거도 스키 대회에 참여하기로 했어요.

"휴, 벌써 눈이 녹았어!"

버거가 울상을 지었어요. 버거는 물에 닿아 눅눅해지는 걸 끔찍하게 싫어했어요.

그때 마카롱 시장님이 다급하게 다가오며 소리쳤어요.
"사이다 탐정님!"

"내일부터 스키 대회가 열리는데, 이렇게 금방 눈이 녹아 버려 대회를 열 수 있을까요?"

마카롱 시장님이 식은땀을 흘리며 말했어요.

헬스푸드시에서는 평균적으로 눈이 많이 오는 기간을 조사한 뒤, 스키 대회 날짜를 정해요. 그런데 올해는 예측이 빗나간 거예요.

오늘 일기 예보에서는 당분간 눈도 안 오고 따뜻할 거래요….

그러고 보니 작년에는 헬스푸드시에 폭설이 왔었어요. 사이다 탐정과 버거는 도둑왕 족제비를 쫓아 산에 갔다가 어마어마한 양의 눈 때문에 고생을 했었지요.

폭설은 헬스푸드시에 많은 피해를 입혔어요.

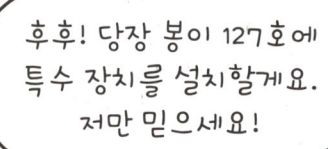

잠시 후, 봉이가 거대한 탈것을 타고 나타났어요.
"짜잔! 봉이 127호를 소개합니다!"
봉이 127호는 개구리와 비슷한 모습에 무한궤도가 달린 신기한 모양이었어요. 봉이가 뿌듯한 표정으로 물탱크에 물을 가득 채웠어요.

부웅! 붕! 붕!
　기계 소리가 시끄럽게 돌아가더니 봉이 127호의 뒤쪽에서 무언가가 강력하게 뿜어져 나왔어요. 놀랍게도 바로 새하얀 눈이었어요!

"봉이 127호만 있으면 스키장 전체에 눈을 두껍게 깔 수 있어요. 하루면 충분하다고요!"
봉이가 의기양양하게 말했어요.

저만 믿으세요!

역시 봉이야!

인공눈이 환경을 오염시키지는 않을까요?

헬스푸드시가 걱정되어….

물만 사용하니까 걱정 마세요. 물을 아주 작은 알갱이로 만들어 뿜는 거예요. 물 알갱이가 너무 작아서 이 정도의 추위에도 금방 얼어붙거든요.

그 사이 사이다 탐정은 봉이 127호가 만들어 낸 인공눈을 둥글게 뭉쳐 봤어요. 그런데 생각보다 잘 뭉쳐지지 않았어요.

"이 눈으로는 눈싸움을 할 수 없겠는걸."

"당연하죠. 인공눈은 사실 눈이 아니라 눈처럼 고운 얼음 알갱이예요. 그래서 함박눈처럼 잘 뭉쳐지지 않고, 뽀드득 소리도 나지 않는답니다."

자연 눈
- 육각형 모양.
- 빈틈이 많아 잘 뭉쳐짐.

인공눈
- 단순한 구조의 얼음 가루.
- 잘 뭉쳐지지 않음.

역시 자연의 눈이 인공눈보다 아름답군요!

## 퀴즈

눈을 확대해서 찍은 모습이에요. 같은 모양끼리 찾아 선으로 연결해 보세요.

봉이 127호가 곳곳을 누비자, 어느새 스키장에는 대회를 열어도 될 만큼 눈이 소복하게 쌓였어요. 마카롱 시장님과 대회 관계자들이 함박웃음을 지었어요.

잠시 후, 스키 대회에 참가하는 선수들이 속속 도착했어요. 이번 대회의 관전 포인트는 단연 북극 챔피언인 북극곰 통통과 남극 챔피언인 펭귄 펭돌이었어요.

통통과 펭돌은 여러 대회에서 엎치락뒤치락하며 번갈아 우승을 했었어요. 이번에도 둘 중 한 명이 우승할 게 분명해 보였지요.

강력한 우승 후보답게 펭돌과 통통 사이의 신경전도 팽팽했어요.

"난 스피드에 기술도 있지!"

"스피드야말로 내 특기거든!"

"우승은 내 거야!"

"누가 할 소리!"

"흥! 너희들만 잘난 게 아니야."

한편, 대회에 참가한 선수들은 모두 자기 이름이 써진 이름표를 받았어요.

잠깐 휴전!

깡깡이가 아니라 낑낑이!

헉헉

깡깡?

깡깡이?

올해에는 처음 참가하는 선수도 있었지요.

너무 꽁꽁 싸매서 얼굴이 잘 안 보여요.

추위를 너무 많이 타서 그래요.

오들오들

낑낑이

## 퀴즈

참가 등록을 마친 선수들이 단체 사진을 찍었어요. 두 그림을 보고 다른 부분을 찾아보세요.

 다른 부분은 모두 5곳이야.

 눈을 크게 뜨고 찾아봐!

선수들은 곧 치러질 치열한 대회를 위해 참뾰족봉 숙소에서 휴식 시간을 보냈어요.

버거의 말대로 봉이는 밤새도록 봉이 127호를 씽씽 몰았어요. 내일은 선수들이 대회가 열리기 전 마지막으로 대회 코스를 시험해 보는 날이었어요.

## 사라진 참가 선수

다음날 아침, 스키장이 빈 곳 하나 없이 하얀 눈으로 덮여 있었어요.

"와! 어떻게 이런 일이!"
마카롱 시장님의 얼굴에 미소가 피어올랐어요.
"날씨가 따뜻해도 괜찮아요. 녹는 속도보다 제가 더 빠르게 눈을 만들어 드릴게요!"
원래대로라면 한참 잠을 잘 시간이지만, 기뻐하는 사람들을 보니 봉이는 졸리지 않은 모양이었어요.

사이다 탐정이 부르르 떨리는 몸을 코트로 감싸는데, 갑자기 날씨가 돌변했어요. 이번에는 눈이 마구 휘날리기 시작한 거예요!

"눈보라잖아! 이건 일기 예보에도 없던 일인데!"

"이 상태에선 아무것도 할 수 없습니다! 모두 숙소로 돌아가 주세요!"

진행 요원의 말에 선수들이 순식간에 모였어요.

사이다 탐정과 선수들이 무사히 숙소에 도착했어요. 선수들은 숙소에서 몸을 녹이며 눈보라가 그치길 기다릴 수밖에 없었어요.

눈보라 때문에 모두가 난감해하고 있을 때 얼음땡이 사이다 탐정을 찾아왔어요.
"탐정님, 저랑 같은 방을 쓰는 선수가 안 보여요."
"뭐라고요? 그 선수가 누구죠?"

곧바로 사이다 탐정과 버거가 낑낑이를 찾기 위해 나설 준비를 했어요.

사이다 탐정이 왼쪽 눈썹을 씰룩거리며 말했어요.
"이상하군. 바람이 한쪽에서만 부는 것 같지 않아?"
잠시 눈보라를 관찰하던 사이다 탐정이 어느 한곳을 가리켰어요.
"저쪽으로 더 올라가 보자."
잠시 후, 놀라운 광경이 펼쳐졌어요.

봉이가 말했어요.

"이건 바람개비가 아니에요. 연구소에서 태풍 실험이나 바람의 움직임을 조사할 때 사용하는 초강력 선풍기예요!"

봉이가 선풍기에 대한 정보를 계속 쏟아 냈어요.

"실험실에서는 이런 초대형 선풍기를 이용해서 초속 30미터의 바람도 만들어 내요. 이 정도의 태풍급 바람이라면 나무로 만든 집도 단번에 날려 버릴 수 있다고요. 그런데 탐정님, 이게 왜 산에 설치되어 있을까요? 대회 날 경기력에 영향을 줄 수도 있잖아요. 무엇보다 사고 날 위험이 있다고요."

봉이는 이해가 되지 않는다는 듯 고개를 갸웃거렸어요.

한 줄기 흔적은 눈길 중간에서 끝나 있었어요.
"범인이 숙소 쪽으로 방향을 틀었군. 여기부터는 눈보라 때문에 흔적이 지워졌어."
버거가 놀란 표정을 지었어요.
"범인이 숙소로 돌아갔다는 거야?"

사이다 탐정이 밖으로 나온 이후 어느 누구도 숙소를 나가거나 들어온 사람은 없었어요.
"혹시 스노보드를 가져온 분도 있으신가요?"
사이다 탐정의 질문에 모두 고개를 내저었어요.

잠시 후, 사이다 탐정의 이야기를 들은 마카롱 시장님의 두 눈이 금방이라도 튀어나올 것 같았어요.
"범인은 도대체 무슨 목적인 거죠?"

"대회를 취소하거나 미루게 할 목적이 아닐까요?"

대회 취소?

범인의 뜻대로 되게 보고만 있을 수는 없어요!

대회는 계속 진행할 거예요!

마카롱 시장님은 굳은 의지를 보였어요. 사이다 탐정과 마카롱 시장님은 선수들이 불안해하지 않게 이 사실은 비밀로 하기로 했지요.

# 무시무시한 눈사태

선수들이 나란히 출발선에 섰어요. 멍멍 관계자가 출발을 알리는 총을 힘차게 쐈어요.
탕!

"깜짝이야!"

"출발이다!"

총소리가 얼마나 큰지 모두들 깜짝 놀랐어요. 어쨌든 경기가 시작되어 선수들이 일제히 출발했어요.

"휴, 눈사태라도 나는 줄 알았잖아."
사이다 탐정이 귀가 먹먹한지 고개를 저으며 나아가자, 이내 봉이가 따라와 말했어요.

## 눈사태 집중 해부

눈이 계속 쌓이면 밑에 있는 눈은 얼어서 딱딱하고, 위는 부드러워요. 즉, 위쪽은 미끄러지기 쉬운 상태가 되는 거예요. 그래서 큰 충격을 받으면 위쪽 층의 눈이 떨어져 나가면서 아래로 미끄러지며 눈사태가 일어나요.

**출발 지역**
표면에 쌓인 눈이 갈라진 경계선에서부터 미끄러져 내림

**눈사태 진로**
눈이 아래로 미끄러져 내려갈 때의 경로

**종료 지역**
내려오던 눈이나 파편들이 멈추는 곳으로, 대부분 사고자들이 이 근처에 묻힘

씽씽

올해는 눈이 적게 와서 눈사태 걱정은 없답니다~

어느새 선수들이 산 중턱을 내려가고 있었어요. 그런데 갑자기 땅이 흔들리는 듯한 굉음이 나더니 하얀 연기가 몰아쳤어요!

사이다 탐정이 걱정하던 눈사태가 일어난 거예요!
눈사태는 모든 것을 하얗게 뒤덮었어요.

사이다 탐정과 버거, 봉이가 눈 속에 파묻혔어요.
통통이와 펭돌 같은 빠른 선수도 눈사태를 피하진 못했어요.
"빨리 탈출하지 못하면 친구들이 위험해!"
사이다 탐정이 눈 속에서 몸을 거꾸로 뒤집더니 마구 흔들었어요. 그러자 사이다 탐정의 몸통이 터질 듯이 부풀어 오르기 시작했답니다.

펑! 사이다 탐정의 머리에서 그 어느 때보다 강력한 탄산이 터져 나왔어요. 사이다 탐정이 미사일처럼 눈 위로 튀어 올랐어요!

**퀴즈** 눈사태로 인해 물건들이 여기저기 흩어졌어요. 스키장과 어울리는 물건을 모두 찾아보세요.

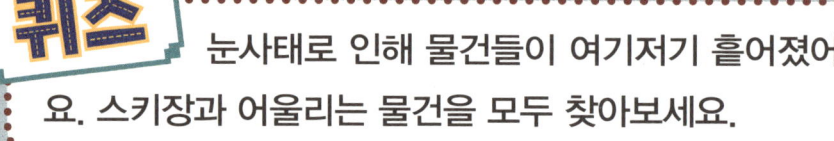

"크게 다친 선수가 없어서 다행이에요. 하지만 이번 대회는 망한 것 같군요."
마카롱 시장님이 한숨을 푹 내쉬었어요.

사이다 탐정이 출동했어요.

눈사태에도 불구하고 결승선을 향해 질주하는 선수가 있었어요. 바로 얼음땡이었어요!

마카롱 시장님이 감격한 표정으로 말했어요.
"만약 아무도 결승선을 통과하지 못했다면 대회 자체가 무효로 처리됐을 거예요. 얼음땡 선수만 유일하게 결승선을 통과했으니 1등입니다!"

유일하게…

얼음땡이?

아!

---

얼음땡 선수가 멋진 세리머니를 했어요.

드디어 1등이다!!

눈사태를 피해 들어왔다고?

이 영광을 바다표범 친구들에게!

믿을 수 없어!

"얼음땡은 이번이 첫 우승이래!"
"대단해! 그것도 재난 상황에서 단독 우승이라니 평생 기억에 남을 거야."

모두 한마디씩 했어요. 그사이 사이다 탐정은 땅바닥 한곳을 주시하고 있었지요.

결승선 앞에서는 시상식이 열리고 있었어요. 감격한 표정의 얼음땡이 막 제일 높은 단상으로 올라가려 할 때였어요.

"잠시만 시상식을 멈춰 주십시오!"

## 사라진 낑낑이의 정체

"얼음땡 선수, 경기가 시작되고 얼마 지나지 않아 나무 위로 올라간 이유는 뭐죠?"

사이다 탐정이 사람들에게 동영상을 보여 줬어요.

"그, 그게 눈사태가 나서 몸을 피하느라 그랬어요."

 "어떻게 눈사태가 일어날 줄 미리 알았죠?"
 사이다 탐정의 날카로운 질문에 얼음땡이 당황해서 땀을 뻘뻘 흘렸어요.
 "어쩐지 눈사태가 일어날 것만 같은 기분이……."
 "얼음땡 선수는 눈사태가 일어날 것을 이미 알고 있었기 때문입니다!"

마침 사이다 탐정의 휴대폰으로 영상이 도착했어요. 눈사태가 최초로 일어난 곳의 모습이었어요.

"눈사태가 처음 발생한 곳 주변에 폭발 흔적이 남아 있었습니다!"

"누군가 일부러 폭탄을 터뜨려 눈사태를 일으킨 거예요!"

사이다 탐정이 사람들을 돌아보며 말했어요.
"이번 눈사태는 누군가가 경기를 망치려고 벌인 일입니다. 정확히는 우승을 하기 위해 조작한 것이죠."

"잠깐 잠깐! 눈사태를 일으킬 정도의 폭발이라면 엄청나게 큰 소리가 났을 거예요. 하지만 아무도 폭발 소리를 못 들었어요!"

마카롱 시장님이 어리둥절한 표정으로 말했어요.

"소리가 났습니다. 다만 출발 신호용 총소리와 같이 나서 눈치채지 못했던 것이죠."

사이다 탐정이 이어서 말했어요.

"신호용 총소리가 지나치게 크다는 걸 못 느끼셨나요? 현장에 있던 사람들 모두 깜짝 놀랐었죠. 누군가 총소리와 동시에 리모컨으로 폭탄 스위치를 눌렀기 때문입니다. 사람들은 이 소리를 출발 신호용 총소리로만 생각한 것이고요."

사이다 탐정이 얼음땡이 무심코 벗어 놓은 경기복 주머니를 뒤적였어요. 주머니에서 손을 뺀 사이다 탐정의 손에 소형 리모컨이 들려 있었어요.

당황한 표정을 짓던 얼음땡이 문득 뭔가 생각났다는 듯 큰 소리로 말했어요.

"전 정말 모르는 일이에요! 저랑 같은 방을 썼던 낑낑이! 낑낑이가 저를 범인으로 몰려고 그 리모컨을 몰래 주머니에 넣어 둔 거예요! 분명해요!"

"낑낑 선수는 이번 사건의 중요한 참고인입니다. 낑낑 선수가 갑자기 사라졌지만, 여러분께는 이 사실을 숨기고 있었어요."

사이다 탐정의 말에 얼음땡이 빙긋 웃었어요.

"그것 봐요! 탐정님도 낑낑이를 의심하고 있잖아요."

"온몸을 가리고 다니고, 갑자기 사라진 데다, 초대형 선풍기들이 설치된 현장도 의심스럽죠!"

"이상하군요! 거대한 선풍기가 있다는 걸 얼음땡 선수가 어떻게 알고 있죠?"

사이다 탐정의 말에 얼음땡이 흠칫 놀랐어요.

"그게, 그러니까……. 잠결에 낑낑이가 잠꼬대하는 걸 들은 것 같아요."

얼음땡의 난감한 표정을 본 사이다 탐정의 눈빛이 날카롭게 빛났어요.

"낑낑 선수는 첫째 날 사라져서 혼자 방을 쓰지 않았습니까?"

그게… 저기… 뭐냐.

에잇! 중요한 건 그게 아니잖아요!

낑낑이는 알리바이를 만들기 위해 얼음땡 씨가 만들어 낸 가짜 선수예요.

원래부터 없는 인물?

낑낑 선수는 원래부터 없는 인물이기 때문이죠.

# 얼음땡의 범죄 계획

① 낑낑이라는 가짜 선수로 스키 대회에 참가 신청을 한다.

② 초대형 선풍기로 가짜 눈보라를 만든다. 낑낑이라는 정체불명의 선수가 음모를 꾸미고 있는 것처럼 착각하게 한다.

③ 폭탄으로 눈사태를 일으킨다.

④ 낑낑이를 범인으로 덮어씌우면 완전 범죄!

"내가 낑낑이라는 증거 있어요? 증거 있냐고요!"

얼음땡이 순간 화를 내자, 사이다 탐정이 침착하게 말했어요.

"흠, 더 이상 증거가 필요한가요? 그렇다면, 결정적인 증거가 남았습니다."

"선풍기 주변에 남겨진 흔적과 우승 세리머니를 하면서 남긴 흔적이 똑같다는 것! 그게 바로 당신이 낑낑이와 동일 인물이라는 증거야!"

버거와 봉이도 결정적인 증거를 찾아 왔어요.
"숙소 쓰레기통에서 낑낑이의 변장 도구를 찾았어."

통통과 펭돌이가 얼음땡을 나무랐어요.

"다 너희 때문이야! 나도 열심히 준비했는데, 너희는 날 무시하기만 했잖아!"
얼음땡이 억울해하며 소리쳤어요.

이번 사건을 통해 마카롱 시장님과 선수들은 눈사태의 위험성에 대해 알게 되었어요.
"진짜 폭설이 내리고, 눈사태가 일어났으면 어쩔 뻔했어. 상상만 해도 끔찍해!"
"갑자기 기온이 올라 눈이 녹은 것도 이상했어."
"어? 그건 얼음땡의 범행이 아닌데?"
모두 며칠 간 겪은 기후 변화에 대해 이야기했어요.

며칠 후, 마카롱 시장님이 아침 일찍 사이다 탐정 사무소를 찾아왔어요.

"사이다 탐정님! 작년에는 폭설이 내렸고, 올해는 얼음땡의 모함이었지만 눈사태를 겪으며 겨울철 안전에 대해 많은 것을 깨달았어요. 그래서 이번에 폭설에 대비한 캠페인을 하려고 해요."

"좋은 생각이시군요! 자연재해는 언제 어디서나 일어날 수 있으니까요."

모두 안전한 겨울을 보내세요!

기후 위기 대비를 철저히!

### 폭설 피해를 줄이기 위한 안전 수칙

① 내 집 앞과 자동차, 지붕에 쌓인 눈을 치워요.
② 빙판길에 모래나 염화 칼슘을 뿌려요.
③ 산처럼 고립된 지역에서는 미리 식량과 연료 등 비상 물품을 준비해요.

TV나 라디오, 인터넷 등을 통해 기상 상황을 파악하는 것도 중요합니다.

겨울철 발명품 의뢰는 저 봉이에게로!

# 퀴즈

봉이가 가로세로 낱말퍼즐을 만들었어요. 헬스푸드시의 겨울을 떠올리며 퀴즈를 풀어 보세요.

1. 갑자기 많이 내리는 눈.
2. 크리스마스 전날 밤, 어린이의 양말에 선물을 넣고 간다는 할아버지.
3. 목이 길게 올라오는 신발로 눈이 올 때나 비가 올 때 신어.
4. 넓적한 널빤지 위에 몸을 싣고 눈이 쌓인 비탈길을 미끄러지듯 내려오는 스포츠.
5. 대표적인 겨울 스포츠. 좁고 긴 널빤지에 신발이 부착되어 있으며 2개의 지팡이를 짚고 달려.

세로

1. 눈이 쌓인 산.
2. 스키나, 스노보드처럼 겨울 스포츠를 즐길 수 있도록 시설을 갖춘 곳.
3. 똥이나 오줌을 누는 곳.
4. 예수님이 태어난 날을 기념하는 날. 12월 25일.
5. 바람에 휘몰아치며 날리는 눈.

하늘에서 눈이 펑펑 내리기 시작했어요. 언제 또 폭설로 변할지 모르지만 사이다 탐정은 크게 걱정하지 않았어요. 눈이 많이 올 때 안전 수칙을 시민들 모두 잘 알게 되었기 때문이에요.

사이다 탐정과 버거도 오랜만에 즐거운 겨울을 보냈답니다.

## 탐정 일지

헬스푸드시에는 몇 년 동안 많은 기후 변화가 발생했다.
갈수록 더위는 심해지고, 갑자기 비가 많이 내리고,
예상치 못한 곳에서 산불이 일어나서
많은 시민들이 살 곳을 잃기도 했다.
겨울에는 폭설이 내리는가 하면, 기온이 봄날처럼
따뜻해 스키 대회를 열지 못할 뻔하기도!

더 적극적으로 기후 위기를 해결해 보고 싶다는 생각을
하던 중 탐정 본부에서 남극으로 발령 요청이 왔다.
새로운 도전을 해 볼까?
새로운 곳은 어떤 곳일까?

이렇게 생각이 많을 땐
시원한 사이다 한 잔이 최고지! 캬!!!

# 퀴즈 정답

8~9쪽

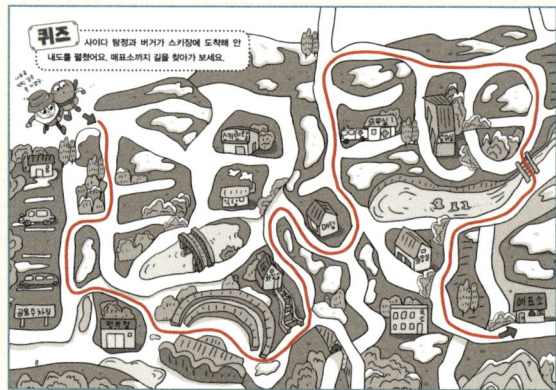

20~21쪽

26~27쪽

46~47쪽

58~59쪽

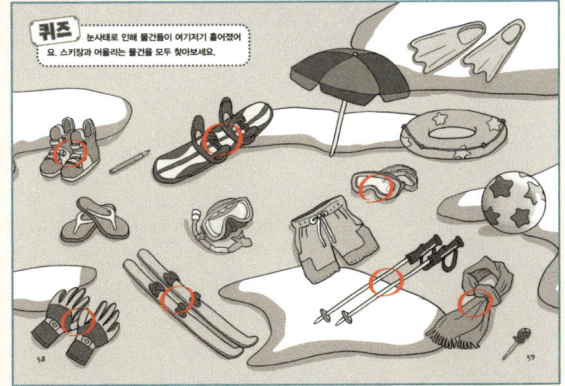

82~83쪽

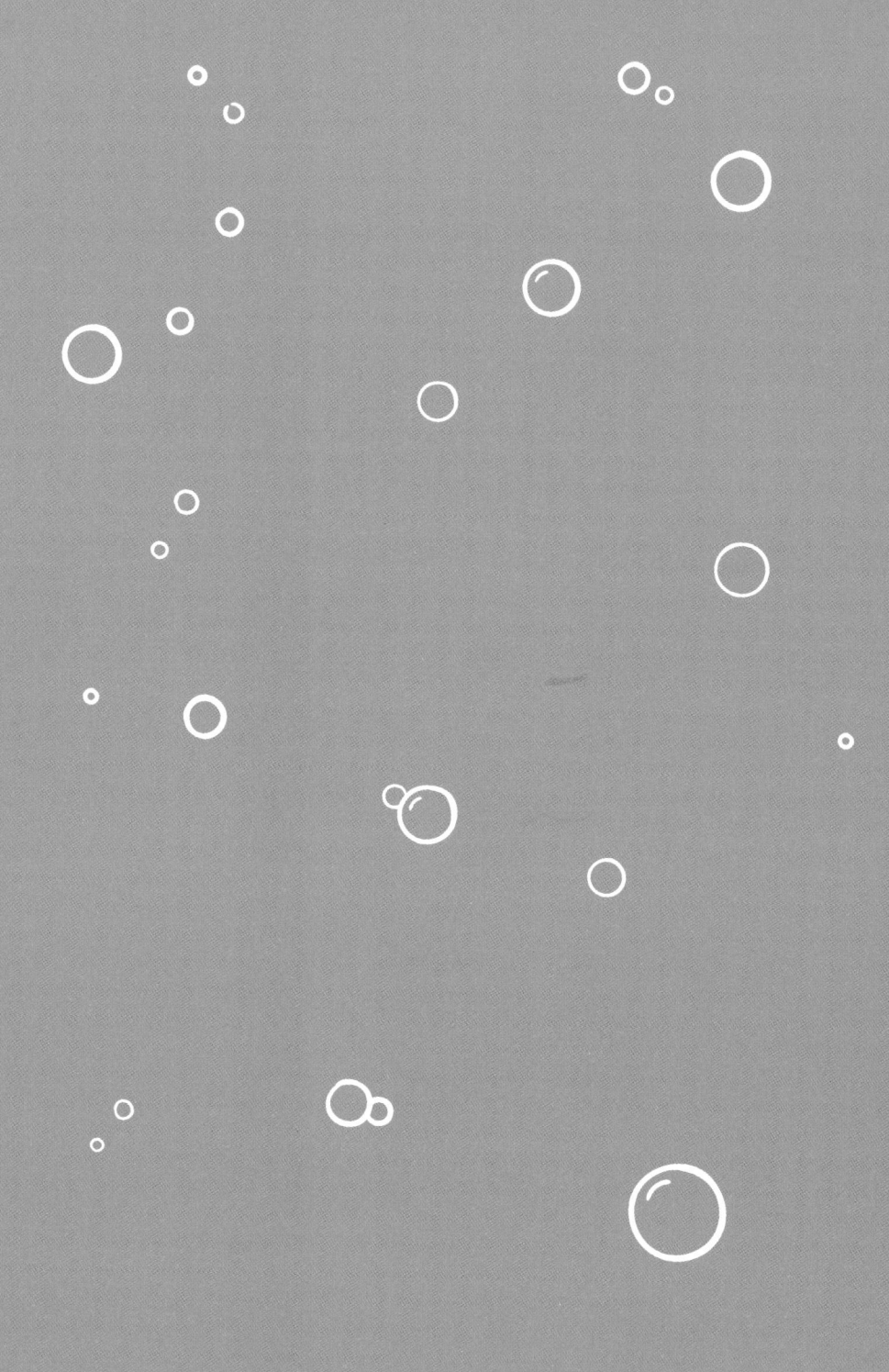